NOTICE

SUR

L'ÉGLISE CATHÉDRALE

D'AMIENS.

Cathédrale d'Amiens

NOTICE

HISTORIQUE ET DESCRIPTIVE

DE

L'ÉGLISE CATHÉDRALE

DE

NOTRE-DAME

D'AMIENS.

Par M. H. Dusevel.

A AMIENS,

DE L'IMPRIMERIE DE CARON-VITET,

PLACE DU GRAND-MARCHÉ.

1830.

AVERTISSEMENT.

En publiant cette Notice sur la Cathédrale d'Amiens, je n'ai d'autre but que celui d'être utile aux voyageurs qui désirent visiter ce beau temple, à leur passage dans cette ville. Il existe bien une Description de la même église, par Rivoire, mais cet ouvrage est devenu très-rare, et il fourmille, au reste, d'erreurs. J'ai donc cru rendre service aux étrangers, en faisant paraître un Opuscule qui joignît à la précision, l'exactitude la plus scrupuleuse. D'après le conseil de quelques amis, je me suis abstenu, autant que possible, de l'emploi d'une foule de mots scientifiques, afin que ce petit ouvrage fût à la portée de la plupart des lecteurs. D'un autre côté, j'ai pris soin de ne pas entrer dans de trop longs détails, sur les antiquités que renferme cette Cathédrale, persuadé que les recherches auxquelles je me suis à cet égard livré figureraient mieux dans un mémoire académique, que dans une simple Notice. Enfin, je n'ai pas cru devoir rapporter indistinctement toutes les épitaphes et inscriptions qu'on remarque sur les pierres sépulcrales et les tombeaux de ce superbe monument, parce que dans le nombre il s'en trouve de fort insignifiantes, et qui n'auraient fait que grossir cette brochure, sans en rendre la lecture plus agréable. Je me suis donc borné à citer celles qui m'ont paru présenter le plus d'intérêt, soit sous le rapport du style, soit sous celui de l'antiquité.

NOTICE

HISTORIQUE ET DESCRIPTIVE

DE

L'ÉGLISE CATHÉDRALE

DE

NOTRE-DAME

D'AMIENS.

De tous les monumens qui existent à Amiens, le plus digne de fixer les regards et l'attention du voyageur qui passe par cette ville, est sans doute l'église Cathédrale. Tout y est, en effet, magnifique, et par son aspect imposant, cette superbe basilique semble inspirer le respect, en même temps qu'elle élève l'âme de celui qui la contemple.

La Cathédrale est placée en partie sur une colline dont le penchant aboutit à la rivière d'Avre; c'est pourquoi plus des deux tiers de cet édifice, se trouvent bâtis sur pilotis. Si l'on en croit d'anciennes chroniques, deux autres églises auraient existé, en cet endroit, avant celle que nous voyons aujourd'hui (1). Quoiqu'il en soit, sous le règne de Philippe-Auguste, la piété des chrétiens, de retour de la Terre-Sainte, ne diminuant pas, et les églises ordinaires pouvant à peine contenir la foule des fidèles, on résolut, en diverses provinces, d'élever de ces temples vastes, majestueux et dont l'architecture grandiose atteste l'habileté des hommes du 13e. siècle (*). Evrard de Fouilloy, 45e. évêque d'Amiens, posa la première pierre de la Cathédrale de cette ville, en 1220; les murs sortaient à peine de terre lorsqu'il mourut. Gaudefroi d'Eu, son successeur, les éleva du pavé jusqu'aux voûtes. L'évêque Arnoult fit construire ces voûtes, les galeries du dehors et un clocher tout à jour, détruit par le feu du ciel le 15 juillet 1527 (2). Enfin, ce bel édifice fut terminé l'an 1269, à l'excep-

---

(1) La première, construite par St. Salve, ou Sauve, à l'endroit où sont les grands fonts baptismaux, fut brulée, en 881, par les Normands. Le feu du ciel réduisit en cendres la seconde, bâtie peu après le départ de ces barbares, l'an 1218.

(*) H. Dusevel et R. Machart, *Notice sur la ville d'Amiens*, pages 63 et 64.

(2) Ce clocher était un peu plus élevé que celui qui existe

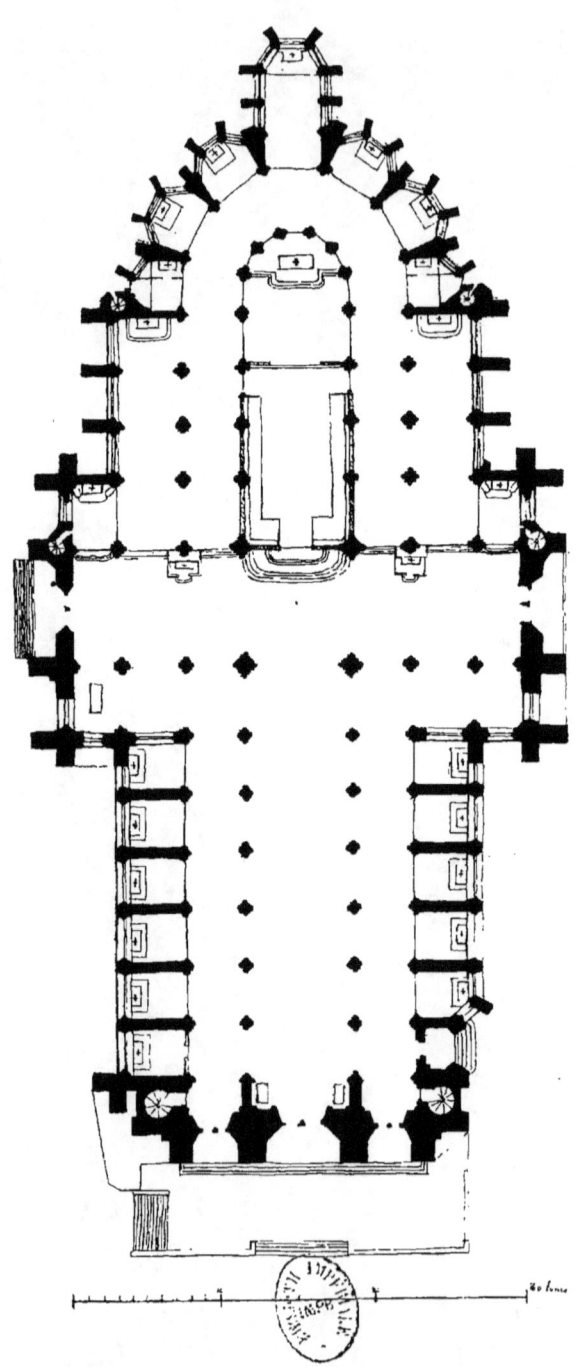

Plan de la Cathédrale.

...tion des tours qui, faute de fonds, ne furent achevées que vers la fin du 14e. siècle, avec le produit de quêtes faites dans les villes, bourgs et villages du diocèse, où l'on promena la châsse de St. Honoré.

Trois architectes fameux eurent successivement la conduite des travaux de cette église : Robert de Luzarche en traça le plan et la commença ; Thomas de Cormont la continua et Renault, son fils, l'acheva.

Il serait difficile de décrire toutes les beautés de ce monument, dont voici les principales dimensions.

TABLEAU DES DIMENSIONS.

	Pieds.	Pouces.
Longueur de l'église dans œuvre	415	»
de la croisée	182	»
Largeur de la nef	44	4
de la croisée	42	9
des bas côtés	27	»
Profondeur des chapelles	21	»
Hauteur de la nef, sous clefs de voûte	132	»
des bas côtés et des chapelles	60	8

---

aujourd'hui ; sa destruction causa, à ce qu'il paraît, bien des regrets.

	Pieds.	Pouces.
Hauteur du pavé au coq de la flèche	383	»
de la tour du portail de Saint-Firmin	210	»
de celle du côté opposé	190	»

EXTÉRIEUR DE L'ÉDIFICE.

La façade principale de cette grande et superbe basilique présente une masse légère, flanquée de deux tours quadrangulaires et décorée des ornemens les plus recherchés des styles gothique et arabesque (1).

Cette façade se divise, dans le bas, en trois porches formant l'ogive, et pratiqués sous de profondes voussures.

Celui du milieu, appelé porte *du Sauveur*, est remarquable par le tableau du jugement dernier, l'un des principaux ornemens des

---

(1) C'est à tort que plusieurs écrivains, notamment DAIRE, *Histoire d'Amiens*, tome 2, page 95; DEVERMONT, *Voyage pittoresque à Amiens*, p. 7; et RIVOIRE, *Description de la Cathédrale*, page 28, ont avancé que cette façade était *d'ordre dorique et toscan;* elle est d'architecture gothique, comme on le dit ici.

temples dans les 12e. et 13e. siècles. On y voit successivement la résurrection des morts, la séparation des bons et des méchans, Jésus-Christ ayant à ses genoux la *Ste. Vierge*, que M. Rivoire a pris pour un *prince*, et *St. Firmin*, revêtu d'une chasuble antique, que le même auteur a cru être *St. Bernard* (*). Plus haut paraît l'Éternel; à ses pieds sont deux Anges qui semblent présenter aux regards du spectateur un soleil, et la lune dans son croissant.

Le pilastre qui sépare les deux battans de la porte d'entrée, supporte la statue du Dieu Sauveur; son pied droit pose sur un lion, le gauche sur un dragon à queue de serpent, dont *le corps ne paraît pas renfermé dans l'écaille d'une tortue*, comme le dit M. Rigollot (**).

Au-dessous du Sauveur, on remarque un cep de vigne garni de pampres et de raisins, symbole très-varié chez les chrétiens, et qui repré-

---

(*) Description de la Cathédrale d'Amiens, page 32; et Notice sur cette ville, page 66.

(**) Lettre à M. Rivoire sur quelques passages de sa Description de la Cathédrale d'Amiens, brochure in-8°., de l'imprimerie de Maisnel fils, page 9.

sente presque toujours Jésus-Christ lui-même et ses Apôtres, ou l'Eglise que la foi fait prospérer. Plus bas on voit, dans une petite niche, la statue d'un monarque couronné, tenant de la main droite une espèce de sceptre ou thyrse, surmonté d'une pomme de pin, et de l'autre main un rouleau déployé. M. Rivoire a pensé que cette statue était celle de Dagobert, et M. Rigollot celle de Bacchus; mais il est évident que ces deux écrivains se sont également trompés, car Dagobert n'a jamais porté de couronne semblable à celle qui ceint le front de la figure enquestion, et Bacchus ne se voit sur aucun monument, tenant comme elle, un *rouleau déployé à la main* : ce qui prouve qu'elle ne représente que le roi sous le règne duquel ce portail fut achevé. Enfin, sur le côté droit de la même statue, on distingue dans un vase, une fleur semblable au *lys*, et de l'autre côté se trouve aussi dans un vase, une plante qui a quelque rapport avec le *rosier*.

Sur l'encadrement des ventaux de la porte on remarque également à droite cinq figures tenant des vases renversés, et à gauche pareil nombre de figures tenant aussi des vases, mais dont l'embouchure paraît avoir été dirigée vers le haut. Au bas des premières est un arbre, dégarni de ses feuilles, et au pied des secondes, se trouve un autre arbre orné de feuilles, et aux branches duquel deux lampes sont suspendues. M. Rigollot a cru voir dans ces diverses figures les emblêmes des *six mois de lumière* et des six mois de *ténèbres ou d'hiver*. Mais il est certain qu'elles ne représentent que l'allégorie des *vierges sages* et des *vierges folles*, de l'arbre qui produit de *bons* fruits et de celui qui, n'en portant que de *mauvais*, doit suivant l'Ecriture, être coupé et jeté au feu.

Contre les faces latérales de ce vaste porche, on voit d'abord douze médaillons rangés sur deux lignes parallèles. Les six premiers de chaque côté, et dont les personnages tiennent des écussons sur lesquels sont divers animaux, représentent, selon Rivoire, les *bienfaiteurs* de cette église, et suivant Baron, les *douze fils de Jacob*, d'après les dénominations qui leur sont données dans la Genèse. Pour nous, nous croyons au contraire, que ces médaillons et les douze placés au-dessous, sont les mêmes que ceux qui décorent le grand portail de la cathédrale de Paris, et que comme eux ils représentent les vertus et les vices mis en opposition. Les autres médaillons rappellent plusieurs traits de l'Ecriture

Sainte, ou ont rapport aux arts et métiers qu'on exerçait anciennement à Amiens.

Au-dessus de ces médaillons, on distingue sous des dais gothiques, les douze Apôtres avec les attributs qui leur sont propres. Leurs statues s'étendent le long de ce portail. Les contours des arceaux de sa voussure sont remplis de petites figures représentant les Trônes et les Dominations du ciel. Enfin au bas de cette voussure, on remarque encore à droite les sept péchés capitaux, et à gauche une foule d'élus qu'un ange introduit dans le paradis.

Le porche à droite offre également plusieurs statues dignes de fixer l'attention. Sur le pilier de séparation de la porte, on voit la statue de la Vierge, écrasant un monstre, et plus bas la création d'Adam et d'Eve, leur chute et leur expulsion du Paradis terrestre.

Les figures qui se trouvent au haut du cadre ogive, représentent la mort, la résurrection et l'assomption de Marie.

A droite et à gauche de ce second porche, on remarque aussi des bas-reliefs représentant, entr'autres sujets, la fuite en Egypte, le massacre des innocens, et les trois mages voyageant en bateau.

Le dernier porche à gauche est décoré de la statue de St. Firmin, dont le bâton pastoral semble posé sur le corps d'un homme qu'il foule aux pieds. L'artiste a probablement voulu par-là, faire allusion aux victoires remportées par l'apôtre de la Picardie sur les dieux du paganisme. Les petites figures qu'on voit sur le pilastre qui soutient la statue de ce saint Evêque, rappellent son entrée à Amiens, son martyre et la découverte de son corps à St.-Acheul. Les deux côtés du même porche sont ornés de cartouches contenant une foule de bas-reliefs représentant les douze signes du zodiaque, les quatre saisons et les douze mois de l'année, distingués par les divers travaux auxquels on se livre dans chacun d'eux.

Entre les statues placées au haut de ces bas-reliefs, on remarque surtout celle de la vierge Ste. Ulphe, dont la pose, les draperies et la tête, sont d'une correction toute particulière (1).

On distingue encore au-dessus des ogives sous lesquelles se trouvent les trois porches du temple, et dans les entre-colonemens de l'une des galeries qui en décorent la façade, les figures colossales de plusieurs Rois de

---

(1) Je suis redevable de cette observation au savant M. Gilbert, de Paris.

France. Plus haut on voit les compartimens variés et délicats d'une magnifique rose, dont on parlera bientôt.

Le côté septentrional de l'église n'a de remarquable que quelques figures telles que celles de Charles V et du cardinal de Lagrange, évêque d'Amiens, son principal ministre, et le cintre en forme de patte d'oie qui surmonte le portail dit de l'*Evêché*, donnant sur la rue des Soufflets.

Du côté méridional, on voit d'abord un crochet en fer, scellé dans le mur. Ce crochet servit au duc d'Aumale pour se barricader sur le parvis de la Cathédrale, lorsque les Amiénois voulurent le chasser de leur ville, après s'être soumis à Henri IV. On remarque aussi, à côté du portail de l'*Horloge*, la statue gigantesque de *St. Christophe*, statue qu'on trouve communément à l'entrée des anciennes églises. Plus loin on aperçoit, au haut du mur qui ferme le logement de l'un des sacristains de la Cathédrale, la représentation de deux villageois, devant lesquels est un sac. On déchiffre avec peine, ces mots placés au bas :

LES BONES GENS DES VILLES
D'ENTOUR AMIENS QUI VENDENT
WOIDES, ONT FOET CHESTE CAPELLE
DE LEURS OMONES. . . . .

De-là on arrive au portail de *St. Honoré*, ou de la Vierge *dorée*, dont on voit la statue sur un pilastre. Ce portail offre un fort joli coup d'œil, à cause des divers ornemens d'architecture qui l'embellissent. Les figures placées dans le tympan au-dessus de la porte, représentent le crucifix de St. Salve, saluant la châsse de St. Honoré, et plusieurs miracles attribués à ce prélat.

Tout le pourtour extérieur de ce superbe édifice est décoré d'une multitude de pyramides et de clochetons élevés sur les piliers butans des refends des chapelles, et qui produisent le plus bel effet. Les pyramides ne sont pas seulement de pure décoration : elle servent aussi de pied-droits ou de supports aux arcs-boutans qui contrebutent la poussée des voûtes. A la hauteur des toits des chapelles et du grand comble de l'église, se trouvent des galeries en pierres avec balustrades à jour, au moyen desquelles on circule aisément autour de la Cathédrale. On parvient dans le haut par six escaliers tournans, dont les marches sont presque toutes d'une seule pierre. De-là on jouit, dans la belle saison, d'une vue magnifique et vraiment pittoresque : ici ce sont les charmantes promenades de la ville ; plus loin la belle vallée qu'arrose la Somme ; là les habitations champêtres des communes d'alentour, qu'on aperçoit dans le lointain. Pour arriver à la plate-forme en plomb où commence le clocher doré, il faut monter 306 marches ou degrés; mais le plus souvent les voyageurs s'arrêtent dans la tour où se trouve une *table ronde*; on assure qu'Henri IV se fit servir à manger sur cette table, en 1597, le jour même de la reprise d'Amiens, après avoir contemplé attentivement la retraite de l'armée espagnole, qui retournait en Artois. Les noms de Louis XIV, de la duchesse de Berry, et de plusieurs grands personnages, sont gravés sur les plombs de cette église, à l'occasion des visites qu'ils y ont faites.

Sur la croisée des toits s'élève une flèche dont l'extrémité semble par fois se dérober dans la nue. Le bas de cette flèche est de forme octogone; elle a 201 pieds de hauteur avec le coq, et 72 de circonférence. Louis Cordon, simple charpentier du village de Cottenchy, construisit ce beau clocher en 1529; il est tout en bois de chêne et de chataignier. Quatre poutres de cinquante pieds de longueur, posées sur les quatre maîtres piliers de l'église, soutiennent en l'air cette flèche légère, qui cède doucement à l'action des vents et se remet ensuite elle-même d'aplomb.

Tombeau de l'Évêque Évrard.

INTÉRIEUR DE L'ÉGLISE.

En entrant dans ce temple, qui fut dédié à *la Sainte Vierge*, le 14 juillet 1504, tout semble concourir à charmer les yeux du spectateur : sa vaste étendue, la délicatesse de sa structure, l'élévation prodigieuse de sa nef, son immense galerie, et le jour mystérieux qui perce à travers une foule de superbes vitraux, présentent un aspect à-la-fois religieux et imposant.

A droite de la porte de la nef (1) on remarque d'abord la tombe en cuivre de l'évêque Evrard de Fouilloy, qui posa la première pierre de l'église. Six lions supportent cette tombe, dont le dessous est maçonné. Le prélat est représenté dessus en habits pontificaux, donnant sa bénédiction ; à ses pieds on voit deux dragons ou serpens, à ses côtés deux clercs tenant des cierges allumés, et au-dessus deux anges avec des encensoirs.

---

(1) Ou à gauche du spectateur, en se plaçant aux pieds des tombes.

Aux bords de cette tombe on lit l'inscription suivante, en vers léonins (1), et en caractères majuscules qui ont quelque rapport avec le gothique.

Qui populum pavit, qui fundamēta locavit
Huīs structuræ, cuius fuit urbs data curæ :
Hic redolens nardus, famâ requiescit EWARDUS,
Vir pivs afflictis vidvis tutela, relictis
Cvstos, quos poterat recreabat munere, v̄bis,
Mitib̄ agnus erat, timidis leo, lima svp̄bis.

La tombe qui se trouve à gauche de la même porte est celle de Geoffroy ou Gaudefroi d'Eu, autre évêque d'Amiens, sous l'épiscopat duquel les piliers et les autres parties du temple furent élevées jusqu'aux voûtes, comme nous l'avons dit plus haut. Ce prélat est dans la même attitude et décoré des mêmes habits qu'Evrard ; deux dragons ailés sont à ses pieds, et six lions portent également sa tombe, dont le dessous n'est pas toutefois maçonné, afin

---

(1) Ces vers sont coupés en plusieurs endroits par trois points : et des croix † ; nous avons figuré les abréviations par ce signe —

sans doute d'indiquer qu'il ne fit que continuer la construction de la Cathédrale.

Son inscription, dont tous les vers indistinctement riment au milieu et à la fin, ce qui n'a pas lieu dans celle d'Evrard, porte :

Ecce premunt humile GAUFRIDI *membra cubile,*
Seu minus aut simile nobis parat omnibvs ille;
Qvem lavrus gemina decoraverat, in medicinâ
Lege qū divina, decuerunt cornva bina;
Clare vir avgensis, quo sedes Ambianensis
Crevit in immensis; in cœlis avctvs, Amen, sis.

Une remarque essentielle est à faire sur cette inscription : elle nous apprend que Gaudefroi était un prélat savant et qu'il avait étudié la *médecine* et le droit canon; de-là quelques écrivains ont supposé que cet évêque avait exercé la *profession de médecin* avant d'être chanoine; mais c'est une erreur : jamais Gaudefroi ne fut médecin, et s'il apprit la médecine, ce fut uniquement parce que dans le siècle où il vivait presque tous les officiers ecclésiastiques étudiaient cette science, afin de pouvoir, à l'exemple des Apôtres et de Jésus-Christ leur divin maître, guérir à-la-fois les maux de l'âme et du corps, et se rendre ainsi plus vénérables aux yeux du peuple.

En se retournant on voit, au-dessus de la porte d'entrée, les grandes orgues. La pose de la tribune est des plus hardies : elle semble suspendue en l'air. Ces orgues furent faites en 1422, avec les dons d'Alphonse Lemire, valet de chambre du roi Charles VI, et de Massine de Hénault, son épouse. Les gros tuyaux ont vingt-cinq pieds de hauteur et dix-huit pouces de diamètre.

Le grand cadran qui se trouve au-dessus de ce jeu d'orgues a été fait par Arnoult de Lamorgue, horloger de Bordeaux, au mois d'août 1675. Il a 96 pieds de circonférence, et 32 de diamètre ; la longueur de l'aiguille est de 31 pieds. Les chiffres, ou heures, ont un pied dix pouces de hauteur, et le point en forme de losange, servant à marquer les demi-heures, huit pouces de haut et autant de large.

La rose circulaire formant le fond de ce cadran, est appelée communément *rose de mer*, parce qu'elle se trouve à l'ouest ; elle offre seize compartimens, et l'on remarque sur les vitres dont elle est garnie diverses fleurs et des têtes de coq, qui sont les armes parlantes du mayeur Jean de Cocquerel, à qui l'on doit cette rose.

A l'extrémité de la partie du pavé de la nef qui n'a pas encore été renouvelée, on voit deux épitaphes modernes ; elles font connaître l'époque du décès des évêques Evrard et Gaudefroi, et celle à laquelle leurs tombes en cuivre, qui se trouvaient d'abord en cet endroit de l'église, ont été transférées où on les voit maintenant. La première porte :

HIC JACET

NUMQUAM PERITURÆ

MEMORIÆ

DD. EVRARDUS, EPISC. AMBIAN.

QUI

FUNDAMENTA HUJUS BASILICÆ LOCAVIT

ANNO 1220.

MONUMENTUM EJUS ÆNEUM

PROPE VALVAS A PARTE DEXTRA.

TRANSLATUM EST ANNO 1762.

REQUIESCAT

IN PACE

AMEN.

Voici la seconde :

✝

HIC JACET

PIÆ ADMODUM

RECORDATIONIS

DD. GODEFRIDUS D'EU, EPISC. AMB.

QUI

HANC BASILICAM AD CULMEN USQUE

PERDUXIT

OBIIT AN. 1237.

HUJUS MONUMENTUM ÆNEUM CONSPICE

PROPE VALVAS A PARTE SINISTRA.

TRANSLATUM ANNO 1762.

REQUIESCAT

IN PACE

AMEN.

✝

Il faut espérer que le nouveau pavage de l'église ne fera pas disparaître ces deux épitaphes, comme le magnifique labyrinthe en pierres bleues et blanches qu'on remarquait autrefois auprès (1). On sait que dans les principales églises où il existait de semblables labyrinthes, ils représentaient le temple de Jérusalem, et qu'à la fin du 13e. siècle on y faisait encore des stations qui, aux yeux de bien des dévots, remplaçaient le pélerinage dangereux de la Terre-Sainte.

Enfin, avant de quitter la nef, il faut considérer la chaire adossée contre l'avant-dernier pilier. C'est une des plus belles de France; trois superbes statues, représentant la Foi, l'Espérance et la Charité, supportent cette chaire. On la doit au ciseau de Dupuis, habile sculpteur d'Amiens. Sa façon coûta, dit-on, 36,000 fr. à M. de Lamothe, ancien évêque de cette ville; ce prix ayant paru trop élevé au prélat, dont l'esprit était aussi distingué qu'original, il fit inscrire sur le livre d'Evangile que tient ouvert le bel ange qui couronne l'abat-voix de cette chaire, cette maxime, qui s'applique tout aussi bien à l'œuvre du sculpteur qu'aux préceptes divins qu'on y proclame: **HOC FAC ET VIVES.**

---

(1) La pierre qui formait le centre de ce labyrinthe est maintenant déposée dans la cour du Puits de l'OEuvre; elle serait mieux placée sans doute dans celle de la bibliothèque d'Amiens.

Vis-à-vis de cette chaire est l'épitaphe du chanoine Masclef, homme très-versé dans la langue hébraïque, et de qui l'on a une grammaire et des conférences ecclésiastiques fort estimées; cette épitaphe est ainsi conçue :

PROPITIUS

ESTO DOMINE

FRANCISCO MASCLEF,

PRESB. CAN. AMB.

OBIIT 1728,

ÆTATIS 65.

Bas côté droit.

Le premier monument qu'on remarque dans ce bas côté est le mausolée de Pierre Burry, et non *Misry*, ainsi que l'a prétendu Rivoire. Cet ancien chanoine d'Amiens, qui était bon poète, est représenté à genoux devant un *Ecce homo*, auprès duquel St. Pierre, son patron, semble intercéder pour lui. Au bas de ce groupe on lit ces épitaphe et inscription, séparées l'une de l'autre par des anges et un os de mort :

Cy gist le corps de vénérable et discrète persone monseigneur maistre Pierre BURRY, *chanoisne de Céans, qui trespassa le xxve. jo. d'apvril, l'an mil cinq cent et quatre. Priez Dieu pour sō. âme.*

Ane fores juxtâ templi sum conditus antrū.,
  Ut videat subiens det mihi gratus opem.
Non aurum, non argentum mihi posco misellus,
  Sed ferat ut mentis bursa brevia stipem.
Vos BURRY *memores pia vota, piòsq̄ precatus*
  Fundite; nō alias flagito Petrus opes.

Un autre mausolée se trouve contre le pilier suivant. On y voit un chanoine à genoux, à côté duquel est St. Antoine, et derrière lui l'animal favori de ce saint ermite. Ce mausolée, que supportent deux colonnes de pierre, est celui d'Antoine Niquet, et de Pierre de Gouy, son neveu ; on ne rappellera pas ici l'épitaphe qui l'accompagne, parce qu'elle n'a rien de remarquable.

Cinq chapelles se trouvent en outre dans ce même bas côté :

La première est sous l'invocation de *Saint Christophe*, dont on voit la statue en pierre et de grandeur naturelle, au-dessus de l'autel.

La seconde, dite de *l'Annonciation*, contient un tableau ou bas-relief représentant la Vierge à genoux devant un prie-Dieu, au moment où l'Ange vient lui annoncer le choix que l'Eternel a fait d'elle pour donner naissance au Christ; au bas sont ces mots :

PIÈCE SANS PRIS, VIERGE ET MÈRE SANS TACHE (1).

Au haut du retable on voit un fort joli Saint-Esprit et le Père Eternel tenant à la main la boule du monde.

La troisième chapelle, appelée chapelle de *l'Incarnation*, renferme une assez belle statue en marbre blanc; le socle est accompagné de cette devise :

MICHEL MARTIN A COMPAGNE MARIE.

Autour de la corniche de l'autel on lit ce passage des Livres Saints : *Veni sponsa mea, veni coronaberis.*

La quatrième chapelle, dédiée à St. Etienne, dont la statue et celle de St. Ambroise se voient à droite et à gauche de l'autel, a pour tableau une peinture à la manière de Vouet, représentant Marie soutenue par deux Anges, au moment où son fils s'avance pour la recevoir dans les cieux; au bas de ce tableau se trouve cette inscription mystique :

FULCITE ME FLORIBUS QUIA AMORE LANGUEO.

---

(1) C'était la devise ou le refrain d'Antoine Pièce, maître de la Confrérie de Notre-Dame du Puy, dont on parlera plus loin.

On voit aussi dans cette chapelle l'épitaphe de l'évêque Feydeau de Brou, qui mourut le 14 juin 1706, fort regretté des pauvres dont il il était le père ; ce prélat fut aumônier de Louis XIV et l'un des consécrateurs de Fénélon. Cette épitaphe porte :

HIC JACET
HENRICUS FEYDEAU DE BROU,
EPISCOPUS AMBIANENSIS
CUI
NON OB GENERIS NOBILITATEM
ALIA QUE FAMILIÆ DECORA
QUIBUS PONTIFEX EX HOMINIBUS ASSUMPTUS
NON GLORIABATUR ;
SED OB EXCELLENTIAM INGENII
ALTITUDINEM SAPIENTIÆ
VIM ELOQUENTIÆ,
PROFUSAM IN PAUPERES BENIGNITATEM
INTEGRITATEM VITÆ, SUAVITATEM MORUM
QUIBUS DEO ET HOMINIBUS PLACUERAT
DECANI ET TOTIUS CAPITULI DECRETO
DATUS EST HIC PRÆTER MOREM LOCUS
UT SEMPER ESSET CLERO PRÆSENS
MORTUIS MEMORIA,
QUI VIVUS FORMA CLERI FACTUS FUERAT
OB. 14 JUN. 1706, EP^{ius}. 14, ÆTAT. 53.
VIATOR, QUISQUIS ES,
COMMUNI OMNIUM ORDINUM PARENTI
BENE PRECARE
ET VALE.

Il paraît que le corps de M. Feydeau de Brou avait été d'abord inhumé dans le sanctuaire de la Cathédrale, au pied de l'autel, honneur qui jusque là n'avait été accordé à aucun autre évêque de ce siège, et que ce n'est que postérieurement qu'on le transféra dans la chapelle de St. Etienne.

Pour l'intelligence de l'épitaphe qu'on vient de rapporter, on a cru devoir faire connaître cette circonstance, omise par Rivoire.

La cinquième et dernière chapelle du bas côté droit est sous l'invocation de *Ste. Marguerite;* son aspect est fort sombre, et on regrette que les marbres de diverses couleurs qui décorent cette chapelle aient privé la Cathédrale d'un de ses plus beaux mausolées, du tombeau en cuivre de Guillaume de Macon, évêque d'Amiens, qui accompagna St. Louis à Tunis, et qui revint en France avec le corps de ce monarque qu'il avait fait embaumer.

Bas côté gauche.

Les chapelles de ce côté sont au nombre de six.

Dans la première on voit la statue du *Sauveur* du monde, à qui elle est dédiée. La clôture de cette chapelle est d'une architecture assez remarquable.

La seconde est décorée d'une Vierge magnifique qui foule la mort aux pieds ; elle fut donnée à l'église en 1634, par Jean Quignon, maître de la confrérie du Puy, dont la devise : DESSUS L'ENFER AGRÉABLE VICTOIRE, se trouve rappelée au bas du socle de la statue.

On admire la richesse de la troisième chapelle. On voit les armes du Chapitre au haut de la grille. Le Crucifix qu'on y remarque est fort ancien ; il a le corps couvert d'une longue robe ou tunique dorée, et la tête ornée d'un diadême. Ce Crucifix ressemble beaucoup à ceux qu'on voit en Provence et qu'on nomme *Crucifix à la grecque*. Il fut, dit-on, trouvé dans la mer, près de la ville de Rue, dans le 7e. siècle. Les fidèles du diocèse ont beaucoup de vénération pour cette image.

La quatrième chapelle n'a de remarquable que la statue de *St. Honoré*, ronde bosse en pierre par Vimeu. Les boulangers ont choisi ce Saint pour leur patron, persuadés que son père nouricier était du même métier qu'eux.

Dans la cinquième chapelle, sous l'invocation de *Notre-Dame de la Paix*, se trouve une statue de la Vierge en marbre blanc, digne de fixer les regards des artistes et des connaisseurs ; les draperies dont elle est ornée passent pour un chef-d'œuvre de sculpture. Ce magnifique ouvrage est généralement attribué au sculpteur Blasset, natif d'Amiens.

Contre le pilier qui sépare cette chapelle de la suivante, on voit un petit mausolée en marbre, qui attire l'attention. C'est celui de Jean de Sachy et de Marie de Revelois son épouse. Ces deux personnages sont représentés sur le devant du monument ; au milieu d'eux on distingue la Vierge tenant un petit puits dans la main droite, pour indiquer que Jean de Sachy faisait partie de la confrérie de Notre-Dame du Puy.

Le squelette qu'on aperçoit au bas de ce petit mausolée est bien anatomisé ; il n'offre aucun de ces hideux attributs que les sculpteurs donnaient autrefois aux représentations des morts, et qui se trouvaient alors en grand nombre sur les tombeaux, comme pour effrayer le peuple et l'éloigner du vice (1).

La sixième chapelle qui termine le bas côté gauche de la nef est dédiée à *St. Firmin*, premier évêque d'Amiens, dont la statue se voit

---

(1) Les anciens ne représentaient pas, comme nous, la mort sous la forme d'un squelette, mais presque toujours sous les traits d'un enfant noir, ayant les jambes croisées.

sur le devant de l'autel. On lit sur une feuille déroulée que le Saint a dans la main gauche, cette légende, qui rappelle suffisamment qu'il fut le premier apôtre du diocèse :

IN CHRISTO JESU PER EVANGELIUM EGO VOS GENUI.

On chercherait d'ailleurs en vain, dans cette chapelle, l'Archange et les Anges que M. Rivoire suppose être placés sur un fond de beau marbre, au couronnement de l'autel : l'on n'y voit rien de semblable.

Croisée.

Cette partie de l'église offre d'abord deux roses magnifiques et dont rien n'égale l'éclat et la variété des couleurs. Elles ont environ cent pieds de circonférence. Celle qui se trouve à gauche en avançant vers le chœur, contient trente-deux feuilles ; au milieu on remarque une belle étoile d'architecture à cinq rayons. Des saints, des rois et des évêques sont représentés sur les verres des galeries qu'on distingue au bas. On pense que cette rose représente l'*eau*.

L'autre rose, c'est-à-dire celle qu'on voit à droite, a vingt-quatre feuilles (1) ; la couleur

---

(1) Ou douze seulement, suiv. DAIRE, Hist. d'Amiens, t. 2.

rouge qui domine sur les vers garnissant les interstices des nervures, porte à croire qu'elle indique le *feu*.

Ainsi la rose du grand portail représentant la *terre* et l'*air*, et celles dont on vient de parler l'*eau* et le *feu*, il en résulte qu'elles forment ensemble les *quatre élémens*.

Outre ces roses, il existe dans cette croisée plusieurs monumens qui méritent une mention particulière.

En premier lieu on voit, dans le côté droit et près du dernier pilier de la nef, la pierre sépulcrale de l'adroit espagnol qui surprit la ville d'Amiens à l'aide d'un sac de noix, en 1597. Cette pierre porte pour tout ornement la date de sa mort, une petite croix et des lettres capitales disposées de la manière suivante :

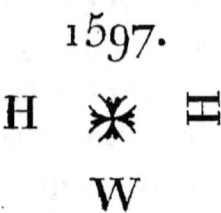

Vis-à-vis est un sarcophage en pierre, sur lequel on remarque le chanoine Claude *Pierre*, prosterné devant Jésus enfant, dont il tient le pied gauche. Près d'eux se trouvent la Vierge et

St. Claude, patron du chanoine. Au-dessus on distingue, dans un médaillon, la Sainte Famille et l'Eternel; on lit autour: *Hic est filius dilectus meus.*

En avançant on voit la chapelle de *Notre Dame du Puy;* cette chapelle, fondée vers l'an 1348, par Firmin de Coquerel, chancelier de France et chanoine d'Amiens, est décorée à l'antique. A droite et à gauche du retable d'autel s'élèvent deux belles colonnes de marbre noir d'Italie, dont les chapiteaux d'ordre corinthien sont encore en partie dorés. Les statues de Judith tenant la tête d'Holopherne, celle de David jouant de la harpe (1), et celle de la Vierge tirant un enfant d'un petit puits, sont les trois qui fixent principalement l'attention

---

(1) David ne tient pas à la main un rouleau à moitié délié, comme le dit Rivoire, page 111 de sa Description. La statue du côté opposé, qu'il appelle Salomon, n'a pas non plus à la main de feuille à moitié déroulée, sur laquelle on lit ces paroles du Cantique des Cantiques: *Ascendit de deserto, deliciis affluens.* La statue tient une espèce de tablette, et l'inscription rappelée par Rivoire ne se trouve qu'à ses pieds, sur une petite table de marbre.

La même observation s'applique à l'inscription qu'on remarque du côté de David; elle est également au bas de cette statue et porte: *Astitit regina à dextris tuis.* Ps. 44.

des curieux. On lit ces mots sous celle de la Vierge :

ORIGO CON	FRATERNI
TATIS	PVTEI.

Le tableau d'autel représente l'assomption de Marie; il fut peint par Francken, en 1628. On ne remarque au reste dans cette chapelle ni le *soleil*, ni la *lune*, ni le *phénix* que Rivoire dit s'y trouver (*). Quoiqu'il en soit, ce monument n'en est pas moins intéressant par les souvenirs qu'il rappelle. C'était là, en effet, que long-temps avant l'établissement de l'académie d'Amiens, une société d'hommes recommandables de cette ville, connue sous le nom de Confrérie du Puy, contribuait puissamment à exciter l'émulation et l'amour des lettres parmi les habitans, en décernant chaque année une couronne d'argent à l'auteur de la meilleure ode ou ballade en l'honneur de la Vierge; c'était là aussi que le jour de la chandeleur, la plus belle et la plus vertueuse des jeunes personnes d'Amiens, habillée en vierge

---

(*) Description de la Cathédrale d'Amiens, page 111.

et accompagnée de deux enfans représentant des anges, venait offrir à la Reine des cieux une paire de tourterelles, après quoi elle récitait des vers à sa louange et était reconduite en triomphe par les confrères jusqu'à la demeure de ses parens.

Contre le mur de séparation de la croisée et de la chapelle Ste. Marguerite, on distingue enfin une table de marbre noir, sur laquelle est gravée la bulle du pape Innocent X, qui accorda des indulgences à la Confrérie du Puy; et tout près, divers reliefs représentant *l'histoire de St. Jacques le majeur.* Le chanoine Guillaume Auxcouteaux fit exécuter ces groupes au commencement du 16e. siècle; les figures en sont assez bien conservées, sauf celle du diable, qu'on a cru devoir tout récemment briser.

Le côté gauche de la croisée contient plusieurs épitaphes et tombeaux. A droite de la porte est celui de l'évêque Pierre Sabatier, qui composa l'office de St. Firmin, interdit la chasse aux prêtres de son diocèse, et supprima l'usage de porter des *mais* aux processions. On y voit ce prélat à demi couché et appuyé sur un carreau; à ses pieds sont les restes d'un enfant qui soutenait son écusson et semblait verser des larmes sur sa mort. Derrière l'évêque s'élève un obélisque, à l'extrémité duquel paraît un ange sonnant de la trompette; la pointe de l'obélisque est couronnée d'une urne couverte d'une draperie (*). Le piédestal de ce mausolée est enrichi d'un bas-relief représentant la Religion et la Charité; au-dessous on lit:

ILLUSTRISSIMUS AC REVERENDISSIMUS IN CHRISTO

PATER DD. PETRUS SABATIER,

AMBIANENSIS EPISCOPUS,

SACRÆ FACULT. PARIS. DOCTOR THEOLOGUS,

VASIONENSIS E NOBILI FAMILIA ORIUNDUS

PROFORIBUS HUJUS SACELLI QUIES CIT

HANC PER ANNOS 26 REXIT ECCLESIAM

PASTOR OPTIMUS,

OMNI VIRTUTUM GENERE COMMENDABILIS.

OBIIT DIE VICESIMO JANUARII 1733

ANNUM ÆTATIS AGENS 79.

REQUIESCAT IN PACE. (1)

(*) DAIRE, Hist. d'Amiens, t. 2, p. 76.

(1) L'épitaphe de l'évêque Sabatier que RIVOIRE cite dans sa Description, page 146, ne ressemble nullement à celle qu'on voit au bas du mausolée de cet évêque. C'est probablement l'épitaphe qui se trouve sur un marbre vis-à-vis de ce monument qu'il a voulu rappeler.

A gauche de la porte on remarque aussi l'épitaphe de M. Demandolx, ancien évêque d'Amiens; une urne en marbre noir, dans laquelle le cœur du prélat est renfermé, surmonte cette épitaphe. Au-dessous sont celles de Nicolas et de Maximillien Filleux, chanoines de la Cathédrale.

Plus loin on voit une ancienne cuve en pierre, ayant quatre figures aux quatre angles. Cette pierre servait sans doute de fonts baptismaux à l'époque où l'on administrait le baptême par immersion. Le style de la sculpture des têtes de prophètes et les caractères dont sont formés les noms de *Zacharie* et de *Joel*, les seuls qu'on puisse encore lire sur cette pierre, semblent indiquer qu'elle est antérieure à la Cathédrale actuelle, c'est-à-dire du 11e. ou 12e. siècle.

Près de cette cuve et au haut du mur latéral de la chapelle de St. Firmin, on remarque la représentation du *temple de Jérusalem*, au bas de laquelle se trouvent ces mots:

Atrium, tabernaculum, sancta, sanctis sctor.

Dans la première division on voyait Jésus-Christ, dont la main est actuellement cassée, chasser avec un fouet les marchands du temple; dans la seconde le Fils de Dieu reproche à ces marchands leur profanation; dans la troisième on voit la *bénédiction des pains*, qui sont parfaitement imités; et dans le quatrième l'arche d'alliance et les tables de la loi supportés par deux anges. Ce monument, que fit faire dans le 16e. siècle le chanoine Jean Duytz, dont on voit le buste et l'épitaphe au milieu, est très-remarquable. On admire, avec raison, l'élégance des petites pyramides et des découpures à jour dont il est surmonté.

Au pied du second pilier vis-à-vis de ce monument, on aperçoit une épitaphe digne de fixer les regards de l'homme voué au culte des muses, celle du chantre sublime de Ververt, du poëte Gresset, qui reçut le jour à Amiens; cette épitaphe porte :

D. O. M.

ICI REPOSE LE CORPS DE

MESSIRE JEAN-BAPTISTE-LOUIS GRESSET,

CH'. DE L'ORDRE DU ROI, HISTORIOGRAPHE,

DE L'ORDRE ROYAL ET MILITAIRE DE St.

LAZARRE, L'UN DES QUARANTE DE L'ACADÉMIE

FRANÇAISE, HONORAIRE DE CELLES DE

BERLIN ET D'AMIENS, DÉCÉDÉ LE 16 JUIN 177....

AGÉ DE 69 ANS.

PRIEZ DIEU POUR LE REPOS DE SON AME.

La chapelle qu'on voit dans cette partie de la croisée est sous l'invocation de *St. Sébastien;* sa fondation date de l'année 1462; elle eut pour objet d'accomplir un vœu fait par la ville d'Amiens dans un temps où la peste exerçait ses ravages sur les malheureux habitans de cette cité (1). La statue du Saint, qui se trouve au haut de cette chapelle, est d'un fort beau nud; sur le socle qui la supporte se trouve cette inscription latine :

> TRIPLICEM
> MEDICUM DAT
> GALLIA PESTI.

Ce qui veut dire : *la France a trois médecins contre la peste;* et ces trois méde-

---

(1) Quelques villes de France, désolées comme celle d'Amiens par la peste, firent à cette époque des vœux assez singuliers; le plus remarquable, sans doute, fut celui d'une *chandelle de cire aussi longue que l'enceinte de ces villes.* Ces bougies prodigieuses restèrent pendant long-temps le vœu à la mode. Le 21 janvier 1564, les échevins de Névers en présentèrent solennellement une à *St. Sébastien,* qui pesait 150 livres et avait 1720 toises de longueur.

cins sont, comme l'on sait, *St. Sébastien*, *St. Christophe* et *St. Louis*, qu'on invoque ordinairement lorsqu'un semblable fléau porte le deuil et la désolation dans le sein des villes.

On remarque encore, contre l'un des gros piliers, le tombeau en marbre blanc du cardinal Hémart, ancien évêque d'Amiens, qui mérita par ses vertus et son esprit pacifique le glorieux surnom de *bon pasteur*. Ce cardinal est représenté à genoux devant le chef de St. Jean-Baptiste, auquel il avait une très-grande dévotion. Sur la corniche en marbre noir qui se trouve plus bas on lit ces mots en lettres d'or, à demi effacées :

IN. TE. DOMINE. SPERAVI. NON. CONFVNDAR. IN. ETERNVM.
1543.

Au-dessous de cette corniche on voit des bas-reliefs représentant la Justice, la Prudence, la Vérité et la Force. Des pilastres ornés d'arabesques supportent ce monument, qui est d'un beau dessin, mais dont l'exécution n'a rien de remarquable. Voici l'épitaphe qu'il contient : (1)

---

(1) RIVOIRE a entièrement dénaturé cette épitaphe; voyez sa Description de la Cathédrale, page 150.

D. OPT. M. ET. MEM. ÆTER. EPITAPHIV. R.mi. DNI. CAROLI. HÆMARDI, CARD.is MATISC. ET AMBIANORV. EPI.

QVEM. NVNC. JACENTE. CAROLV. HÆMARDV. VIDES LEGATVS. ADEÒ. SE VTRIQV. EI DVM. PRÆSTITIT.

NON. STEMA. OPES. VE. AT. VNA. VIRTVS. ET. LABOR. VT. CARDINALIV. IN. MVNERV. ATQV. IN. ORDINEM.

PEDETETIM. AD VSQV. SVMMA. VEXIT. MVNIA. ACCIRET. ISTE. ILLE AMBIANÆ ECCLESIÆ.

A CONSILIIS. PRIMVM. ILLE. REGIIS. PAVLVLVM. PRÆFICERET. IN QVA. CONSEPVLTIS. LITIBVS.

POST. ROMÆ. ADIPM. SVMMV. PONTIFICM. SVI. VT PACIS. ARRAM. PERPETVAM. CORPVS. SVV.

NEGOTIA. VT. REGIS. FIDELITER. GERAT. ANIMAM. DEO. LINQVENS. SEPELIENDV. DEDIT.

OBIIT. 23ª. AVGVSTI. ANNO XPI. 1540. SVÆ. VERO. ÆTATIS. 47. ANIMA. QVIESCAT IN. PACE. AMEN.

Pourtour extérieur du Chœur.

On compte onze chapelles autour du chœur, savoir : cinq du côté droit et cinq du côté gauche ; celle appelée *Petite Paroisse* forme la onzième, et se trouve précisément derrière le rond-point du chœur.

La première du côté droit est sous l'invocation de *St. Pierre* et de *St. Paul*. Les statues de ces Apôtres décorent les deux extrémités de l'autel, dont le tableau peint par Parossel, représente l'adoration des Mages ; les fonts baptismaux sont dans cette chapelle, où l'on voit un St. Pierre sur les vitraux.

Vis-à-vis de la grille latérale de cette chapelle on remarque, dans le mur servant en partie de clôture au chœur, deux monumens dignes de fixer l'attention. Le premier a pour sujets l'entrée de St. Firmin à Amiens, ses prédications, les conversions qu'il opéra, son emprisonnement et son martyre ; le tout est divisé en quatre compartimens, sous lesquels sont peints, en lettres gothiques, ces vers, dont Rivoire a changé la disposition des rimes et altéré l'orthographe dans sa Description (*).

(*) Voy. Description de la Cathédrale, p. 165, 166 et 167.

I.

- Le dixième de octobre Amiens — St. Fremin fit première entrée.
- Dont Faustinien et les siens — Ont grande joye démonstrée.

II.

- Au peuple d'Amiens anucha — La sainte toy Euvangélique.
- Tant que pluseurs d'eulx advetcha — A tenir ta foy catholique.

III.

- Faustinien ta noble attile — Fēme Agrippin, famille enfans
- Baptisa. avec trois fois mille — Pour ung jour ta foy cofessas.

IV.

- Longulus et Sebastien — Des ydolatres à t'istance
- Le saint martir par faulz moyen — Emprisoneret et puis tāt ce.
- Que le peuple en eut congnoissace — Secretement contre raison
- Firēt de nuit soubz teur puissance — Trechier so chief en la prison.

Le second monument est relatif à la découverte du corps de St. Firmin à St.-Acheul, par St. Salve, évêque d'Amiens, à son exhumation en présence de plusieurs autres évêques, et à sa translation dans cette ville. On voit au bas des quatre cases qui divisent également ce monument, ces autres rimes, aussi en lettres gothiques :

I.
Sainct Saulve son peuple incitoit — De faire à Dieu prière pure.
Désirant savoir où estoit — De St. Fremin la sépulture.

II.
Sainct Saulve en esto͞ans ses yeulx — Appercheut du trône divin
Co͞me ung tais du soleil dessus — Le corps du martir sainet Fremin.

III.
Quatre évesques, Beauvais, Noyon. — Cambray.Therouenenne.aidantDieu
Vindrent vor ceste inve͞tion. — Evocquez par l'odeur du tien.

IV.
A St. Achoeul en chasse mys — Fut puys en Amyens apporte
Pluseurs malades la transmys — Les despriant curent sancte.

Il est à remarquer que les costumes des nombreuses figures qui font partie de ces monumens ne sont point ceux qu'on portait dans les siècles où vivaient St. Firmin (1) et St. Sauve. L'artiste qui a sculpté ces figures, dont la plupart sont mutilées, a commis à cet égard d'étranges anachronismes.

Au-dessous des divers groupes et au fond de deux niches pratiquées dans l'épaisseur des murs, on voit, en habits ecclésiastiques et couchés selon l'usage du temps, l'évêque Ferry de Beauvoir et Adrien de Hénencourt son neveu, qui fit faire ces monumens en 1489.

Contre le pilier qui tient à la grille du chœur est un petit mausolée en marbre blanc, élevé à la mémoire de Charles de Vitry; on remarque avec plaisir les têtes d'anges qui décorent ce monument; mais le Christ enfant placé au-dessus, et qui écrase le serpent, ne fait point, comme le dit Rivoire, l'éloge de Blasset.

---

(1) Ainsi, par exemple, dans le premier compartiment de l'histoire de St. Firmin, la forme de la mitre de cet évêque est trop moderne, et Faustinien ne porte pas les marques de distinction des *sénateurs*, c'est-à-dire, la tunique à larges bandes de pourpre, et la chaussure noire qui leur couvrait le pied et la moitié de la jambe, etc., etc.

On aperçoit, vis-à-vis de ce mausolée et au haut du tambour de la porte qui conduit dans la cour du *Puits de l'OEuvre* (1), deux têtes grossièrement sculptées ; on prétend que ce sont celles de deux jardiniers qui firent don d'une partie du champ qu'ils possédaient en cet endroit pour construire la Cathédrale ; mais rien ne justifie cette assertion.

Un peu plus loin se trouve un monument que quelques savans ont cru devoir faire dessiner. On y voit l'évêque Jean Avantage, à genoux devant la Ste. Vierge, assise sur un siège antique, et derrière lui un Saint que Rivoire aurait dû reconnaître pour le patron de cet évêque, c'est-à-dire pour St. Jean. Ce monument, qui est soutenu par un pilastre en marbre noir, contient cette inscription, appelée *épitaphe* par l'auteur de la Description de la Cathédrale, quoiqu'elle n'ait pas été faite pour être gravée sur un tombeau :

---

(1) On appelle ainsi le puits qui se trouve dans cette cour, parce que c'était là, dit-on, qu'on payait ordinairement le salaire des ouvriers employés à la construction de la cathédrale.

Sacent tous que le reverend père en Dieu Monsr. maistre Jehan AVANTAGE *jadis evesque d'Amiēs fodā en sō vivāt en ceste chapelle messe perpétuelle qui chūn jour doibt estre dicte basse par ung de l'université des chapellais de Cheens tantost apries la messe du Bretō et apries le son de la cloche qu'il donā pour soner lad. messe et pour chūne faulte XVI liv. d'amende et restauratiō de messe à appliquier aille.... chapellains de haulte messe ou cōversiō desdits chapellais ne prorognet la dicte heure et aussy à faict le t. R. P. par avant lad. messe quatre obis et messes haultes à dyacre et subdiacre et deux choriste auxltiers jours des mois de frevier may aoust novēbre come appert p. aultres estectres sur ce faictes dont les copies sōt au missel q̄l donā à lad. université pō diré lesd. messes....*

La chapelle dont il est parlé dans cette inscription, se trouve maintenant sous l'invocation de *St. Charles Borromée*. Les deux colonnes torses en marbre bleu qu'on y remarque n'en font pas le plus bel ornement, car on sait que ces sortes de colonnes, quoique d'un fort joli aspect, n'ont commencé à être en usage que lors de la décadence de l'architecture. La statue du saint évêque de Milan placée sur l'autel, et surtout le bas-relief en plomb représentant Moïse et les Israélites recueillant la manne dans le désert, qui se trouve au bas du socle de cette statue, sont les seuls objets vraiment dignes d'attirer l'attention du voyageur.

Dans la troisième chapelle, dédiée à *Saint Eloi*, l'on voit un bas-relief en bois représentant ce Saint. C'est là que repose le chanoine de Lamorlière, auteur des *Antiquités d'Amiens*. Son ouvrage, quoique diffus, est quelquefois plus utile à consulter que l'Histoire de l'abbé Daire. L'épitaphe de ce chanoine, placée au haut de la boiserie qui décore cette chapelle (1), porte :

CY GIST LE CORPS DE
VÉNÉRABLE ET DISCRET
MAISTRE ADRIAN DE
LAMORLIÈRE, PRESTRE
CHANOINE EN L'ÉGLISE
NOTRE-DAME D'AMYENS,
QUI A FAICT LES ANTIQUITEZ
DE CESTE VILLE ET EST
DECEDDE LE XIXe. JOUR
D'OCTOBRE L'AN MIL SIX
CENT TRENTE NEUF.
PRIEZ DIEU POUR SON AME.

---

(1) On parvenait autrefois dans le cloître du *Macabre* ou du *Machabée*, par la porte pratiquée sous la tribune qu'on voit dans la même chapelle. Ce cloître, qui s'étendait le

La quatrième chapelle, sous l'invocation de *St. François d'Assises*, a pour tableau d'autel un demi-relief en bois, sur lequel ce Saint est représenté à genoux au pied d'un arbre, et tenant une tête de mort dans la main gauche. Cette chapelle, ainsi que les trois suivantes, sont ornées de vitraux peints qui seraient plus précieux s'ils étaient moins chargés de couleurs différentes, et s'ils offraient un plus grand nombre de sujets historiques. On remarque au-dessus de la grille de cette chapelle un assez beau tableau qui est une copie du Christ-aux-Anges. On dit que c'est pour rappeler le souvenir du massacre que les protestans firent des catholiques en cet endroit, le 8 décembre 1561, que tous les carreaux blancs du pavé qui se trouve vis-à-vis de cette même chapelle sont coupés par deux lignes transversales.

Il existe aussi autour des murs de séparation de la chapelle de St. François et de celle de St. Jacques, des boudins ou petites colonnes isolées, qu'on appelle *piliers sonnans*, parce qu'ils rendent un son assez fort lorsqu'ils sont

---

long du petit cimetière situé derrière le chœur de la Cathédrale, n'existe plus. Sur la muraille était peinte la danse du *Macabre* ou *des morts*, telle qu'on avait coutume de la représenter dans les 12e. et 13e. siècles.

frappés avec la main ou quelque corps dur. Ces colonnes, au reste, jouissent de plus de réputation qu'elles n'en méritent réellement, car presque tous les autres boudins des piliers qui se trouvent derrière le chœur rendent un son presque semblable.

La cinquième et dernière chapelle de ce côté est celle de *St. Jacques*, dont la statue en relief trois-quarts décore l'autel.

On arrive ainsi à la *Petite Paroisse*. Cette chapelle, qui vient d'être restaurée, fut ainsi nommée parce que c'était là qu'anciennement on faisait l'office pour les habitans des cloîtres voisins de la Cathédrale et de quelques rues de la ville. On y voit un fort beau groupe en marbre blanc, représentant *l'Assomption de la Vierge*, et deux bons tableaux qui ont pour sujets la mort de St. François-Xavier, apôtre des Indes, et le retour de l'Enfant Prodigue chez son père, par Forty.

Près de la grille de cette chapelle on remarque une large pierre bleue; elle couvre la dépouille mortelle de l'évêque Arnoult, qui infligea une punition exemplaire, en 1244, au bailli Geoffroy de Milly (1), pour s'être permis

___

(1) Il condamna ce bailli à aller *nuds pieds, nuds bras*,

de faire pendre, *sans forme de procès*, trois clercs du diocèse d'Amiens, injustement accusés par la fille de ce bailli, d'avoir voulu attenter à son honneur.

En face de cette pierre sépulcrale se trouve le mausolée du chanoine ***Lucas***, fondateur de l'école des *enfans bleus* ou *orphelins* de cette ville. Ce mausolée est le plus beau de tous ceux qu'on voit dans la Cathédrale. *L'enfant-pleureur* qu'on distingue entre le chanoine et la statue de la Ste. Vierge, fait l'admiration des connaisseurs; sa tête repose sur sa main droite, et la gauche est appuyée sur une horloge de sable. Jamais l'expression de la douleur ne fut mieux rendue que sur la figure de cet enfant : c'est un véritable chef-

---

et la *hart au col*, aux fourches patibulaires de la ville, prendre les corps de ces malheureux clercs et à les apporter de là sur ses épaules en la *maîtresse église* d'Amiens, à cinq jours différens ; à assister aussi *nuds pieds, nuds bras* et la *hart au col*, aux processions des églises de Rheims, Rouen, Sens, Paris et Orléans, et à jurer publiquement, lors de ces processions, que jamais il ne tiendrait *estat* ni *office emportant juridiction* ; enfin, à fournir cinq bassins d'argent du poids de cinq marcs chacun, avec cinq cierges pesant trois livres, à l'église d'Amiens, et à faire le voyage de la Terre-Sainte.

d'œuvre de l'art, qui honore à-la-fois le ciseau et la science du sculpteur Blasset. On regrette que les épitaphes qui décoraient ce mausolée aient été brisées par des hommes qui n'en connaissaient sans doute pas le prix. Dans le bas du monument est l'effigie couchée, et en marbre blanc, du cardinal Jean de Lagrange, surintendant des finances de Charles V, ami et fauteur de plusieurs antipapes. Il mourut à Avignon, le 24 avril 1402, et fut delà transféré à Amiens, où il avait été évêque.

La première chapelle par laquelle finit le côté gauche extérieur du chœur, est celle dédiée à *St. Augustin*, dont on aperçoit la figure en demi-bosse par Vimeu, au-dessus de l'autel.

Dans la seconde chapelle on voit la statue de *St. Jean;* mais on n'y remarque pas le tombeau de l'évêque Jean de Rolland, comme le dit Rivoire (*).

La troisième chapelle, sous l'invocation de *St. Quentin*, contient un fort beau bas-relief en bois, par Charpentier, sur lequel le martyr

---

(*) Description de la Cathédrale, page 136.

du Saint est représenté. Au fond de cette chapelle se trouvent un petit positif et une porte pour revenir de l'ancien cloître du *Macabre* (1). On y voit aussi un tableau assez médiocre qui a pour sujet la résurrection de Jésus-Christ.

La quatrième chapelle, formant le pendant de celle de St. Charles Borromée, est consacrée à *Notre-Dame des sept douleurs* ou de *Pitié*, dont on remarque la statue, ronde bosse en pierre par Dupuis, sur le retable d'autel. Au-dessous du socle qui supporte cette statue, se trouve un bas-relief représentant le sacrifice de Melchisédech. Les colonnes et les autres ornemens de cette chapelle sont semblables à ceux de la chapelle St. Charles Borromée.

A gauche de la sacristie, qui ne renferme rien de remarquable, on voit le mausolée du chanoine de Baillon. Cet ecclésiastique est représenté à genoux devant un *Ecce homo*, dont les formes sont de la plus belle proportion.

Un peu plus loin on aperçoit sous une arcade gothique, dont le haut est décoré d'un trèfle garni de pampres et de raisins, la statue

---

(1) Ce cloître n'existe plus depuis quelques années.

de Gérard de Conchy, évêque d'Amiens, qui se trouva à Damiète en 1249, avec le roi St. Louis, et qui, comme tant d'autres prélats, entraîné par l'esprit du siècle dans lequel il vivait, crut pouvoir allier les exploits chevaleresques aux vertus paisibles de l'épiscopat.

Vis-à-vis de ce mausolée on distingue, dans des enfoncemens pratiqués le long du mur de clôture du chœur, huit tableaux exécutés en relief, et dont la division est semblable à celle de l'histoire de St. Firmin. Les quatre premiers de ces tableaux représentent les diverses prédications de St. Jean au milieu du désert, le baptême du Fils de Dieu par ce saint précurseur, et leur rencontre dans ce même désert. Les inscriptions qui accompagnent les principaux groupes sont presque entièrement effacées, et c'est avec beaucoup de peine qu'on parvient à les lire. Voici ces inscriptions :

I.

Sainct Jhan preschait au désert par constance
Afin que on fict de pechez pénitence. 1531.

II.

Jhesus entra au floeuve du Jordain
Où baptesme eutt de sainct Jhan pō certain.

III.

Interrogé sainct Jhan qui il estoit.
Qui estre voix quy par désert preschoit.

IV.

Sainct Jhan voyant Jhesus vers luy marcher,
Vecy le agneau de moi (dit-il) très cher.

Dans les quatre tableaux de la seconde partie on voit St. Jean reprochant à Hérode son amour criminel, la fille d'Hérodiade demandant la tête du Saint à ce prince, la décollation du précurseur et la mort de Salomé, au moment où sa mère vient de percer le chef du fils de Zacharie, d'un couteau tranchant. On lit au bas :

I.

Pour arguer Herode de aduttere
Sainct Jhan fut mis en prison fort austere.

II.

De Herodias la fille demanda
Le chef sainct Jhan Herode le accorda.

III.

Au prison fut sainct Jhan decapite
Pour avoir dit et presche verite.

IV.

Le chef sainct Jhan fut à table pose
Puis dun couteau dessus loeul incise.

Ce monument est aussi surmonté de très-jolies galeries à jour, et dans le genre gothique. Au bas des murs servant de base aux groupes, on remarque plusieurs caissons sur lesquels l'artiste a représenté, en demi-relief, une foule de traits relatifs à la naissance, à la circoncision, à la mort et à l'inhumation de St. Jean-Baptiste; aux feux de joie que l'on fait dans le diocèse la veille de sa fête, plusieurs miracles opérés par son intercession, et enfin le don de son chef à cette église par Wallon de Sarton.

La cinquième et dernière chapelle est sous l'invocation du Saint dont nous venons de rappeler l'histoire, c'est-à-dire de *St. Jean-Baptiste*. Cette chapelle qui fut, de même que celle de St. Sébastien, construite à la suite d'un vœu fait par le corps de ville, pendant une maladie contagieuse, présente un fort joli coup d'œil. Une belle grille en ferme l'entrée. Jésus-Christ, assis sur des nuages et tenant le signe sacré de la rédemption des hommes, dont un ange soutient le haut, forme le principal sujet du tableau d'autel. A gauche de ce magnifique bas-relief en bois, exécuté par Charpentier, habile sculpteur d'Amiens, on voit la Ste. Vierge, la main posée sur son cœur, et à droite St. Jean-Baptiste à genoux, semblant intercéder auprès du Fils de Dieu. Au-dessous sont deux anges, dont l'un est appuyé sur une espèce de ruban, le long duquel on lit cette inscription :

TANTIS AUSPICIBUS DABITUR VICTORIA PLEBI.

L'architecture des chapitaux des colonnes et pilastres du retable d'autel, et la sculpture des statues de St. Firmin et de St. François de Sales, hautes d'environ six pieds, qu'on remarque sur les côtés, ne laissent rien à désirer. Le tombeau de l'évêque François Faure, ancien aumônier de la Reine mère de Louis XIV et prédicateur ordinaire de ce monarque, qui se trouve dans cette chapelle, attire aussi l'attention. Ce prélat est représenté sur ce tombeau, assis et ayant un ange à ses pieds. Voici son épitaphe, que Rivoire a rapporté d'une manière inexacte :

D. O. M.

ET NUMQUAM MORITURÆ (1) APUD NOS MEMORIÆ
PASTORIS OPTIMI
FRANCISCI FAURE, THEOLOGI PARISIENSIS
EX GLANDEVENSI PRÆSULE AMBIANENSIS EPISCOPI (2);
QUI POST EXACTAM JUVENTUTEM IN SACRA MINORUM FAMILIA,
ET PER ANNOS PLURES EXERCITATUM CHRISTIANEI ORATORIS MUNUS,
SUMMA CUM PIETATIS ET ELOQUENTIÆ LAUDE
AB ANNA REGINA (3) POSTULATUS AD INFULAS ANNO M. D CLI.
UNIVERSAM GALLIAM FAMA SUI COMPLEVIT.
AD HANC SEDEM REGIS EXISTIMATIONE TRANSLATUS,
ET REGII ORATORII MAGISTER,
PER TRIGINTA DUOS ANNOS SALUTI ANIMARUM INCUMBENS,
CONCIONIBUS, SACRAMENTORUM ADMINISTRATIONE, PRIVATIS COLLOQUIIS,
OMNES PARENTIS OPTIMI VICES AGENS,
EADEM SÆPE DIE SACRUM SOLEMNE, SUPPLICATIONEM PUBLICAM ALLOCUTIONEM
AD FREQUENTEM, POPULUM ET, VESPERTINAM ORATIONEM HABUIT.
PER ADVENTUM, QUADRAGESIMAM, ET EUCHARISTIÆ FESTUM OCTIDUUM
VERBO DEI PRÆCO ASSIDUUS,
SUIS AMBIANENSIBUS SEMPER ACCEPTISSIMUS,
A QUIBUS NEC IPSA LUE GRASSANTE DIVELLI POTUIT.
NOVATORES PERPETUO INSECTATUS,
POST ITERATOS SÆPIUS CLERI GALLICANI CONVENTUS ET AULICÆ MINISTERIA
IN QUIBUS VIX PAREM HABUIT
SUO SEMPER INTENTUS GREGI,
AMPLIATIS ÆDIBUS INSTITUTO SEMINARIO, MORIBUS EMENDATIS
SEPTUAGINTA SEX ANNOS NATUS, DUM AD ARAS SISTENDUM SEMANE COMPARAT,
PLENUS DIERUM EXHAUSTIS VIRIBUS
SUBITO DEFICIT LUTETIÆ PARISIORUM
XI MAII 1687. RELICTO APUD OMNES DESIDERIO
OPTIMO PRÆSULI BENÈ PRECARE, QUICUMQUE HÆC LEGIS,
ETSI ECCLESIAM AMAS PASTORES SIMILES APPRECIARE.

JOANNES ESCHASSEREAU (4) CANONICUS ECCLESIÆ AMBIANENSIS
HUNC TUMULUM MEMORIS ANIMI MONUMENTUM MOERENS POSUIT.

---

(1) Rivoire met *periturœ*.
(2) Cette ligne manque entièrement dans la Description du même écrivain.
(3) On lit *austriaca* dans la Description de Rivoire.
(4) Et non *Echasseriau*, comme le dit le même écrivain.

Au centre de cette même chapelle on voit, sous un baldaquin en bois, le chef du Saint auquel elle est dédiée. Wallon de Sarton, chanoine de Picquigny, qui s'était croisé, découvrit ce chef dans les ruines d'un vieux palais à Constantinople, et en fit don à Richard de Gerberoy, évêque d'Amiens, après son retour dans sa patrie. Cette relique, dont le savant Ducange a démontré l'authenticité dans son *Traité historique du chef de Saint Jean-Baptiste* (1), a été dépouillée, comme tant d'autres, d'une foule de pierres précieuses, dont plusieurs rois, princes et princesses s'étaient plu à l'enrichir. Charles IX fit demander ce chef en 1563, par l'entremise du cardinal de Créquy (*); mais le Chapitre, peu

---

(1) Du temps de Ducange le clergé de plusieurs églises de France prétendait posséder le chef de St. Jean, à cause sans doute du grand nombre de pèlerins que cette relique attirait ordinairement dans ces églises. Mais il paraît certain que la Cathédrale d'Amiens est la seule église qui ait le véritable chef du précurseur. On lit dans les grandes Chroniques de France, que lors de l'assemblée que Pépin tint à Compiègne, les ambassadeurs de l'empereur de Constantinople lui apportèrent entr'autres beaux présens, le chef de *St. Jean-Baptiste*; l'auteur de ces Chroniques s'est probablement trompé.

(*) Voyez à la Bibliothèque d'Amiens, le manuscrit intitulé : *Chapitres de la Cathédrale.*

jaloux de l'abandonner à ce monarque, le fit consentir à ce que l'église d'Amiens le conservât.

Chœur.

On parvient dans le chœur après avoir monté un perron de six marches, et franchi une fort belle grille, placée entre deux murs de pierre (1), et dont le couronnement est orné du chiffre de la Vierge. Ce chœur est vraiment intéressant par les souvenirs qu'il retrace des grands évènemens qui s'y sont passés. Le 23 janvier 1263, St. Louis y prononça une sentence à jamais célèbre en faveur d'Henri III, roi d'Angleterre, contre ses barons; en 1329 le fier Edouard consentit enfin à y rendre hommage à Philippe de Valois, pour la Guyenne, en présence des rois de Bohême, de Maïorque et de Navarre, des ducs de Bourgogne, de Bourbon et de Lorraine, témoins de cette imposante solennité; le 13 juillet 1385, Charles VI y épousa lui-même la fameuse Isabeau de Bavière; Henri II et le roi d'Angleterre y signè-

---

(1) A la mort d'un chanoine, ses insignes, qui consistent en une aumusse, une mozette et un rochet de linon, sont placés sur un de ces murs, et y restent exposés pendant six semaines.

Stalles de la Cathédrale d'Amiens.

rent la paix le 8 mai 1550, devant les ambassadeurs, les princes du sang et les chevaliers des deux royaumes; enfin, Henri IV vint y rendre grâce à Dieu, en 1597, de la reprise d'Amiens sur les Espagnols.

A droite et à gauche des murs latéraux on remarque les stalles en bois de chêne et de chataignier ; elles sont au nombre de cent seize. On y voit, en relief, divers traits d'histoire de l'Ecriture Sainte, de la vie de la Sainte Vierge, et plusieurs figures fort singulières. Les dossiers de ces stalles sont surmontés d'une espèce de frise enrichie de dentelures d'un travail exquis. Aux quatre coins se trouvent quatre pyramides à jour, dont les détails sont infinis. Ce bel ouvrage ne coûta que 9488 liv. 11 s. 3 deniers ; il fut exécuté au commencement du 16e. siècle, par Arnoult Boullin et Alexandre Huet, maîtres menuisiers de la ville d'Amiens, aux frais d'Adrien de Hénencourt, doyen de la Cathédrale. Le principal entrepreneur gagnait par jour 7 sols tournois, y compris son apprenti, et les autres ouvriers chacun 3 sols (*).

(*) DAIRE, Histoire d'Amiens, tome 2, page 121.

Anciennement les enfans de chœur de la Cathédrale avaient le droit d'occuper les stalles hautes le jour des Innocens, à l'exclusion de tous les chanoines. Le même jour ils choisissaient parmi eux un évêque, qui prenait le titre d'*Evêque des Innocens* (1), et célébraient ensuite la *fête des fous* ensemble. Ce jeune évêque était décoré, pendant la durée éphémère de son épiscopat, des ornemens de Guillaume de Mâcon, notamment de sa mitre et de sa crosse, enrichie de fleurs, de griffons et de lions (2); maintenant les enfans de chœur n'ont d'autre prérogative ce jour là, que celle de porter chape et d'entonner toutes les antiennes.

Au milieu du chœur est un mauvais lutrin en bois (3), qui ne répond nullement à la

---

(1) M. RIGOLLOT fils doit publier incessamment un ouvrage fort curieux sur les monnaies de plomb que ces évêques des innocens faisaient frapper à Amiens.

(2) Cette mitre et cette crosse, dont les successeurs de l'évêque Guillaume de Mâcon ne pouvaient se servir, à moins de payer 100 liv. au Chapitre, à qui il en avait fait don, furent vendues en 1735. Voy. les *Chapitres de la Cathédrale*, manuscrit de la bibliothèque d'Amiens.

(3) Appelé aigle *de beau cuivre blanc* par RIVOIRE; voy. Description de la Cathédrale, page 183.

magnificence de l'église. Tout près de ce lutrin on voit l'épitaphe de M. de Bombelles, ancien évêque d'Amiens, dont la perte a été vivement sentie dans le diocèse; et un peu plus loin celle de M. de Lamothe, si connu par ses bons mots et ses reparties heureuses ; cette dernière épitaphe est ainsi conçue :

☩

LUDOVICUS FRANCISCUS
GABRIEL D'ORLÉANS
DE LAMOTTE, EP^{us}. AMBIAN.
HUMILITER SE COMMENDAT
PRECIBUS CLERI ET POPULI
DILECTUS DEO ET HOMINIBUS
CUJUS MEMORIA
IN BENEDICTIONE EST
OBIIT DIE X JUNII 1774.
ÆT. AN. 92°.
EPISCOPATUS 40°.
HIC SEPULTUS
13^A. EJUSDEM
MENSIS.

☩

Une balustrade en marbre blanc, décorée de petites colonnes de cuivre (1), sépare le chœur du sanctuaire.

Le pavé de cette dernière partie de l'église, en beau marbre rouge, noir et blanc, représente de jolies rosaces. Sur la principale vitre du rond-point ou chevet qui est peinte, on lit cette inscription en caractères du 13e. siècle :

BERNARD. EP. ME. DEDIT.

AN M. CC. LXIX.

Contre les piliers qui soutiennent les grilles formant la clôture du sanctuaire, on voit les portraits, en demi-relief, des quatre Evangélistes, dans des médaillons, et des Anges de grandeur naturelle, portant des candelabres.

L'autel à la romaine est orné d'un bas-relief représentant Jésus-Christ au jardin des Oli-

---

(1) Cette balustrade fut faite avec un grand chandelier de cuivre provenant des marguilliers de l'église St.-Leu, et sur lequel le clergé de cette église faisait autrefois brûler un cierge de sept à huit livres, en l'honneur de Saint Firmin le martyr. Autour de ce chandelier étaient ces mots :

LES MANANGLIERS. SAINCT LEU. M'ONT. CHY. MIS.
EN MIL. CHONQ. CHENS. ET UN QUARTRON : TOUT SUSTE.

Voy. la Notice sur Amiens, page 76.

viers. La tradition veut que cet autel ait été fait avec le bois provenant d'un des échafaudages employés à la construction de ce temple. Derrière se trouve une gloire en pierre et bois, vraiment digne de décorer une aussi belle cathédrale. On la doit à M. Christophe, architecte estimé et gendre du célèbre sculpteur Dupuis. Sur les côtés de cette gloire on distingue la Ste. Vierge et St. Jean-Baptiste, tous deux paraissant contempler avec attendrissement l'auguste mystère de l'Eucharistie, dont cette gloire est l'emblême ou la figure. Les séraphins prosternés au bas de ce superbe ouvrage semblent tombés en extase, à la vue de l'hostie que renferme un ciboire (1) suspendu sous une guirlande de fleurs. Les formes élégantes de ces esprits célestes excitent l'admiration et conviennent parfaitement aux habitans de l'Empyrée. On lit ces mots au sommet de cette gloire :

CIBUS VIATORUM.

---

(1) Le premier dimanche de chaque mois, après la communion du célébrant, quatre chanoines, tenant des cierges allumés, viennent se mettre à genoux sur les degrés de l'autel, et restent dans cette position jusqu'à ce que le diacre ait fait descendre ce ciboire et déposé l'hostie qu'il contient sur l'autel, pour y être renouvelée.

(68)

Dans le bas est un coffre peint en rouge. Il contient une châsse fort riche, et qui renferme les reliques des divers Saints qu'on révère dans le diocèse d'Amiens. Celles de St. Firmin, dont on voit le buste devant ce coffre, ont occasionné de longs débats entre le Chapitre de la Cathédrale et l'abbé de St.-Acheul, au commencement du 17e. siècle ; mais un arrêt du Conseil d'Etat ayant reconnu pour vraies ces dernières reliques, on n'a cessé depuis de les exposer à la vénération des fidèles, le jour de la fête du saint évêque d'Amiens.